Lengua

Tercer trimestre

6

Situaciones de aprendizaje

Saberes

Comunicación	Lengua y cultura	Literatura	ODS
El debate	Las variedades del castellano I		15 Vida de ecosistemas terrestres
	Los determinantes	La narrativa: la estructura	15 Vida de ecosistemas terrestres
El diario personal	El sentido literal y el sentido figurado Las frases hechas		16 Paz, justicia e instituciones sólidas
La reseña	Los diptongos y los hiatos		10 Reducción de las desigualdades
El discurso	Las variedades del castellano II		4 Educación de calidad
La crítica	Los pronombres		12 Producción y consumo responsable
	Los campos semánticos	La narrativa: la ficción	3 Salud y bienestar
El correo electrónico	La *B*, la *V* y la *H*		4 Educación de calidad
La noticia El gráfico	El registro formal		13 Acción por el clima
El texto instructivo	El verbo		9 Industria, innovación e infraestructura
	Las siglas	La narración: el inicio de una novela	9 Industria, innovación e infraestructura
El texto descriptivo	Los usos de la tilde en interrogativas y exclamativas		15 Vida de ecosistemas terrestres
		La fábula Fórmulas de apertura y cierre de cuentos	16 Paz, justicia e instituciones sólidas
	Las palabras derivadas: formación de sustantivos, adjetivos y verbos	El cuento	4 Educación de calidad
	Los gentilicios	La narrativa: el espacio	10 Reducción de las desigualdades
	La *G* y la *J*	La narrativa: el diálogo	4 Educación de calidad
La guía turística	Vocabulario de la localidad y de los lugares de interés turístico		9 Industria, innovación e infraestructura
El diario de viaje	La oración y la frase		16 Paz, justicia e instituciones sólidas
	El uso preciso de las palabras	La narración: los personajes históricos	4 Educación de calidad
El texto expositivo	La diéresis		16 Paz, justicia e instituciones sólidas
La definición			4 Educación de calidad
La biografía	Los complementos directo e indirecto		5 Igualdad de género
	El significado denotativo y connotativo	La poesía: la creatividad	4 Educación de calidad
	La *M* y la *N*	El texto teatral	2 Hambre cero
La descripción La expresión de la opinión	Vocabulario del arte		4 Educación de calidad
El reportaje	El complemento circunstancial		9 Industria, innovación e infraestructura
La entrevista	Los signos de puntuación		8 Trabajo decente y crecimiento económico
El texto publicitario	Vocabulario del deporte		3 Salud y bienestar

Índice

21

¿Qué tienen que ver la historia y las novelas?

Eva no ha sacado muy buena nota en el control sobre la Edad Media. Su tutora, Anna, le ha recomendado que lea dos novelas. Sorprendida, Eva se pregunta...

- ¿Quiénes eran los juglares?
- ¿Qué hacían los monjes en la Edad Media?

En esta situación aprenderás...

- A comprender una narración literaria.
- A reconocer el tiempo de una narración.
- Que una narración situada en el pasado debe estar bien documentada.
- A reconocer y a usar el vocabulario más preciso.

FINIS MUNDI

Laura Gallego

El joven monje alcanzó su zurrón y extrajo un enorme libro de su interior. El juglar lo observó con un extraño brillo en los ojos.

—Ese códice debe de valer una fortuna—comentó.

Michel se sobresaltó y lo miró. En su interior renacía la desconfianza, y Mattius se dio cuenta.

—No te lo voy a robar —dijo—. Me gustan los libros, y ese está miniado, además. Es una joya.

El muchacho no respondió. Buscaba algo entre las páginas del códice. Mientras pasaba hojas, Mattius contemplaba las ilustraciones con seriedad.

—Son imágenes del fin del mundo —Michel detuvo su búsqueda para enseñárselas con más calma—. Este libro es una copia de una obra que escribió cierto monje español, llamado Beato de Liébana, hace más de doscientos años. Son unos comentarios al Apocalipsis. Me lo dieron para que lo copiara.

—¿Y tú sabes pintar cosas así? —preguntó Mattius, señalando las miniaturas.

Michel enrojeció.

—No, en realidad... todavía no. Yo solo copio las letras. Son otros los que reproducen las ilustraciones. Pero el libro no es lo más importante —reanudó su busca entre las páginas del volumen, hasta encontrar un legajo de hojas sueltas—. Ajá, aquí está. Esto es lo que quería enseñarte.

Le tendió los pergaminos a Mattius, que les echó un vistazo rápido y volvió a clavar su mirada en él.

—¿Qué pasa? Ah, perdona. No sabes leer. Trae, yo te lo leeré.

—Sé leer, pero solo romance. Nadie me ha enseñado latín.

—Ah... perdona —Michel enrojeció—. Te lo explicaré. Hace aproximadamente cuarenta años, un viejo ermitaño, Bernardo de Turingia, se presentó ante una asamblea de barones y les dijo que Dios le había revelado, por medio de una serie de visiones, que el mundo se acabaría en el año mil.

—No es la primera vez que oigo cosas de ese tipo. Es una extraña obsesión que les ha dado a algunos últimamente. ¿Y qué más?

—Por supuesto, no le creyeron. Pero describió sus visiones en esta serie de pergaminos que yo encontré en el códice. Tengo razones para creer que estas revelaciones son auténticas.

—¿Qué razones?

—Entre otras cosas, predijo la fecha exacta de la muerte del rey franco Hugo Capeto. Día, mes y año. No me fue difícil averiguarla, porque falleció el año pasado. Bernardo de Turingia acertó de pleno, y no tenía modo de saberlo; murió más de treinta años antes del monarca.

Comprendemos la narración

1 Si has leído la lectura, ya sabrás qué número corresponde a cada imagen:

1. Códice **2.** Códice miniado (con miniaturas) **3.** Pergamino

a.

b.

c.

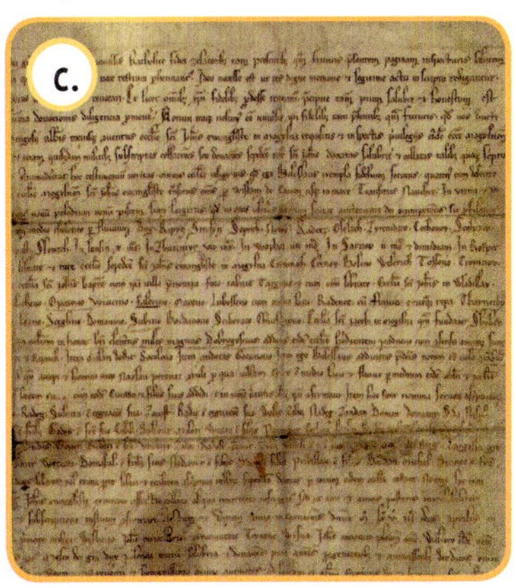

- ¿Y cómo es el códice del que habla la lectura?

a. miniado **b.** sin miniar

2 ¿Completáis estas afirmaciones? Todas son sobre el monje Michel.

Le han dado el códice para que...

a. copie el texto.

b. reproduzca las miniaturas.

c. lo restaure.

Entre las páginas del códice ha encontrado unos pergaminos...

a. en blanco, sin nada escrito.

b. con las predicciones de un ermitaño.

c. con cartas del rey franco.

Cree que las revelaciones del pergamino son...

a. auténticas, porque se han cumplido.

b. falsas, porque no se han cumplido.

c. auténticas solo en parte.

Nos fijamos en algunos datos

3 Escribe los nombres propios de persona que menciona el monje en sus explicaciones. ¿Son personajes imaginarios o existieron de verdad? ¡Consulta la Wikipedia y averígualo!

- ¡Anota sus fechas de nacimiento y de muerte!

— El monje español (-)

— El ermitaño (-)

— El rey franco (-)

4 ¿En qué año tienen lugar los hechos de la narración? Si habéis hecho la actividad anterior, podéis saberlo.

- Los hechos de la novela tienen lugar en el año...

Para que una **historia imaginaria** situada en el **pasado** resulte creíble, los escenarios y los personajes deben ser adecuados a la época histórica, y los **datos** deben ser **exactos**.

5 ¿Qué sabes de la autora Laura Gallego? Investígalo y escribe la ficha biográfica.

Reflexionamos sobre la lengua | El uso preciso de las palabras

6 ¿Qué palabra es más precisa para referirnos a un libro del siglo X: **códice** o **libro**? ¿Por qué? Fijaos en las definiciones:

Códice. Libro manuscrito anterior a la invención de la imprenta.

Libro. Conjunto de muchas hojas de papel que, encuadernadas, forman un volumen.

7 Sustituye la palabra destacada de cada una de estas oraciones por otra de significado más preciso.

atrapado • desprenden • maletas

construido • contiene • establecimiento

- Al llegar dejamos las (**cosas**) ▭ en la consigna del hotel.
- Han (**hecho**) ▭ un edificio de veinte pisos.
- Aquellas flores (**tienen**) ▭ un olor magnífico.
- Esta caja (**tiene**) ▭ treinta galletas.
- En este (**sitio**) ▭ venden pasteles por encargo.
- La policía ha (**cogido**) ▭ a los ladrones de ratones.

8 ¿Con qué verbos de significado más preciso puedes sustituir el verbo **poner** de estas oraciones? Escribe de nuevo estas oraciones con el verbo adecuado.

- Mis primos han puesto una clínica veterinaria.
- La maestra dice que no pongo atención en clase.
- Nos han puesto fibra óptica en la escuela.

Algunas palabras tienen un significado muy amplio y se pueden usar en contextos distintos (*cosa, sitio, hacer*...). Hay que evitar abusar de ellas y sustituirlas por otras de **significado más preciso**.

Comprobamos lo que hemos aprendido

9 Anota en forma de lista todos los datos de ***Finis Mundi*** que nos dan información sobre la vida en la Alta Edad Media. Completa en tu cuaderno:

— *Los libros se escribían a mano.*

— Los libros estaban escritos en...

— Los monjes...

— No había papel y escribían sobre...

10 Escribe una respuesta razonada a la pregunta inicial de esta situación:

- ¿Por qué crees que la maestra le ha dado a leer a Eva esas novelas?
- ¿Podemos aprender cosas leyendo una novela?

Valoramos el trabajo

11 Piensa y valora qué has aprendido en esta situación:

He leído una narración literaria y la comprendo.			
Reconozco la época histórica de la narración.			
Sé sustituir palabras de significado amplio por otras de significado más preciso.			
Entiendo que una novela puede enseñarnos cosas.			

Para terminar, reflexiona

- **¿Te ha interesado el tema de esta situación? ¿Por qué?**
- **¿Qué te ha gustado más?**
- **¿En qué te ha ayudado trabajar en grupo o en pareja?**

22

En esta situación aprenderás...

- A comprender un texto expositivo.
- A preparar y elaborar un mural sobre las Cortes Generales.
- A preparar un *lapbook* sobre vuestro ayuntamiento.
- A escribir correctamente palabras con diéresis.

¿Cómo se explica un tema?

- ¿Qué tipos de texto explicativo conocéis?
- ¿Un *lapbook* es un texto expositivo?
- ¿Por qué?

PREPARAMOS UN *LAPBOOK*

12 ¿Cómo prepararías un *lapbook* para enseñar qué es y cómo funciona un ayuntamiento?

a. Buscaría información en una enciclopedia.

b. Escribiría un correo al concejal o a la concejala de cultura pidiéndole que me enseñe el ayuntamiento.

c. Consultaría la página web de mi ayuntamiento.

d. Iría a preguntar a la biblioteca.

e. Miraría una serie sobre el día a día de un ayuntamiento.

f. Intentaría entrevistarme con el alcalde o la alcaldesa.

13 Consulta el artículo «**ayuntamiento**» de la Wikipedia, toma notas y realiza un esquema.

Valoramos el trabajo

14 Reflexiona y valora qué has aprendido en esta situación:

He tomado notas de un texto expositivo.			
Comprendo qué son las Cortes Generales.			
He mejorado tomando apuntes.			
Sé como preparar un *lapbook* sobre el ayuntamiento, qué explicar en él y cómo hacerlo.			

Para terminar, reflexiona

- **¿La situación te ha servido para preparar una explicación sobre un tema?**
- **¿En qué te ha ayudado trabajar en pareja o en grupo?**
- **¿Qué has aprendido con esta situación?**

23

En esta situación aprenderás...

- A comprender una conversación sobre un juego.
- A definir nombres de objetos, animales y plantas.
- A inventar un juego de definir palabras.
- A hacer un uso preciso de las palabras.

¿Cómo crearíais un juego de definiciones?

A Rita y a Eva les encanta jugar con las palabras. Hoy han tenido la idea de inventar un juego de definiciones, pero necesitan ayuda para elaborarlo.

- **¿Qué es una definición?**
- **¿Habéis jugado alguna vez a adivinar definiciones?**

Escuchamos las reglas de un juego y unas definiciones

1 ¿Cómo se les ha ocurrido la idea de inventar un juego?
¡Escuchemos la conversación de la pandilla!

Comprendemos la conversación

2 ¿Cómo se juega a «Las palabras prohibidas»? ¿Por qué la pandilla lo encuentra difícil? ¿Sabríais completar las reglas de este juego?

Jugadores:

Objetivo:

Funcionamiento y normas:

Material necesario:

3 Escuchad otra vez las definiciones de las palabras que Rita ha buscado en el diccionario. ¿Qué foto corresponde a una **atalaya** (**AT**)? ¿Cuál muestra una **aspillera** (**AS**)?

a.

b.

c.

d.

Analizamos definiciones

4 Fijaos en que el texto de las definiciones está desordenado. ¿Lo ordenáis? Después, contestad:

Mueble	generalmente de metal, de forma circular, poco hondo y con mango	Es muy común en los sembrados.
y sirven para guardar ropa.		Planta herbácea
con tablero de mesa y tres o cuatro cajones que ocupan todo el frente	que sirve sobre todo para freír.	de 40 a 60 cm de altura, con hojas más largas que anchas y el borde en forma de festón o de onda, y flores de centro amarillo y corola blanca.
	Recipiente de cocina,	

- ¿Qué objeto, planta y animal se han definido?
- Fijaos en los colores de las definiciones. ¿Con qué parte de cada definición podéis contestar estas preguntas? ¡Escribidlas con el color correspondiente!

¿Qué clase de objeto es? ¿Cómo es? ¿Para qué sirve?

Para hacer una definición, primero debemos identificar las características del elemento que vamos a definir.

Para **definir** un objeto, un animal o una planta, primero hay que indicar de qué clase es y cómo es.

Si es un objeto, también hay que explicar qué función o utilidad tiene; si es un animal, dónde vive, y, si se trata de una planta, dónde crece.

Definimos objetos, animales y plantas

5 Elige una foto de cada fila y define lo que representa, para que tu compañero o compañera lo adivine. ¡Las preguntas que hay a continuación te ayudarán!

a.

b.

c.

Objeto	**¿Qué es?** Una herramienta, una prenda de vestir...	**¿Cómo es?** Forma, material, color...	**¿Para qué sirve?** Para abrigarse, comer...
Animal	**¿De qué clase es?** Mamífero, reptil, molusco...	**¿Cómo es?** Con plumas, con pelo, salvaje...	**¿Dónde vive?** En una granja, un estanque...
Planta	**¿De qué tipo es?** Árbol, arbusto, hierba...	**¿Cómo es?** Con flores o frutos; forma de las hojas...	**¿Dónde crece?** En el bosque, en el campo...

Inventamos un juego de definiciones

6 ¿Cómo se juega? ¿Qué nombre le vais a poner? Discutidlo y explicad las reglas:

Nombre del juego

- Número de jugadores:
- Objetivo del juego:
- Funcionamiento y normas:
- Material necesario:

— ¿Cómo os organizaréis? Poneos de acuerdo y explicadlo resumidamente:

Jugamos a las definiciones

7 Jugad al juego de definiciones que habéis creado. Recordad:

- ¡Prohibido utilizar la palabra *cosa*! En su lugar, especificad si es un mueble, un recipiente, un instrumento musical…
- Es más preciso y correcto hablar de mamíferos, moluscos, anfibios, etc., que de «bichos» o «animales».
- ¿Podéis utilizar las palabras *arbusto*, *árbol* o *planta herbácea* en lugar de «planta» a secas? ¡Pues hacedlo!
- Por último, lo más importante: una definición **no** debe incluir la palabra definida.

Valoramos el trabajo

8 Reflexiona sobre tu trabajo y valóralo:

He comprendido la explicación de un juego.			
He participado en la creación de un juego de definiciones.			
Sé definir nombres de objetos, plantas y animales.			
He usado un lenguaje preciso en mis definiciones.			

Para terminar, reflexiona

- **¿Qué te ha gustado más de esta situación? ¿Por qué?**
- **¿Ahora valoras más la importancia de utilizar palabras precisas?**
- **¿Te ha gustado inventar un juego? ¿Te gusta jugar a este juego?**

24

En esta situación aprenderás...

- A comprender la biografía de una pionera.
- A reconocer las características de las biografías.
- A reflexionar sobre la dificultad de escribir una biografía.
- A reconocer los complementos directo e indirecto.

¿Para qué son útiles las biografías?

- ¿Qué es una biografía?
- ¿Has leído alguna?
- ¿De quién te gustaría leer una?
- ¿Por qué?

Nos preparamos y leemos una biografía

1 Antes de leer...

- ¿Sabéis qué es un almirante? ¿Tiene un rango alto o bajo?
- ¿Qué sabéis de la Edad Moderna?

¿Por qué llaman "Moderna" a esta Edad si es tan antigua?

¿En qué siglo nació Isabel Barreto?

¿Por qué crees que hay datos suyos que «no pueden asegurarse»?

Hay algunos datos de la vida de Isabel Barreto que no se conocen con certeza: por ejemplo, se cree que nació en 1567, en Pontevedra, en una familia noble y relacionada con el mar, pero ninguna de estas cosas puede asegurarse. Lo que parece cierto es que recibió una educación muy completa, y que en 1585 se había casado con el famoso y atrevido navegante Álvaro de Mendaña, en Lima, Perú.

¿Qué es una expedición?

Diez años más tarde, su marido organizó una expedición por el Pacífico para explorar las islas Salomón, que había descubierto con anterioridad; eran tiempos de navegación y de avances. En cada viaje, los límites del mundo cambiaban.

¿Qué es una crónica?

En las cuatro embarcaciones de Álvaro de Mendaña viajaban, además de Isabel y sus tres hermanos, varias mujeres más y un cronista portugués, Quirós, con quien Isabel no se entendía demasiado bien. No era el único: muchos marinos se oponían a que viajaran mujeres en los barcos.

¿En qué océano están las Islas Marquesas?

En una primera etapa del viaje, todo fue bien, e incluso descubrieron las islas Marquesas. Pero entonces, llegados ya a su destino, el marido de Isabel enfermó de la temida malaria, y murió poco después, dejándola al mando de la tripulación. Para colmo, tuvieron que zarpar apresuradamente por una rebelión de los indígenas. Isabel logró conducir los barcos a salvo hasta Manila.

¿De qué país es capital Manila, en la actualidad?

Allí tuvo que defenderse de las acusaciones de ser extravagante y orgullosa y de haberse comportado con una dureza excesiva, porque había ahorcado a marineros rebeldes; una decisión así era habitual en todos los barcos capitaneados por hombres.

Con su segundo marido, el general Fernando de Castro, navegó a México y a Argentina,

¿En qué siglo murió?

donde se le pierde la pista. Debió de morir en 1612.

Curiosamente, el cronista Quirós, responsable de gran parte de su mala fama, regresó de nuevo a las islas Salomón con un poder del rey, que anulaba la labor realizada por Isabel.

De manera que podemos tener nuestras sospechas acerca de la intención con la que escribía y hablaba de la almirante, a la que no puede negarse ni el valor ni el amor por lo desconocido, en un siglo en el que las mujeres no podían ni siquiera soñar con vivir aventuras semejantes.

¿Cree la autora que Quirós es un cronista fiable?

Comprobamos que hemos entendido la lectura

2 ¡Hagámoslo al revés! ¿Qué preguntas corresponden a estas respuestas?

- ¿ ?
  Un famoso y atrevido navegante del siglo XVII, descubridor de las islas Salomón.
- ¿ ?
  La primera mujer que, a finales del siglo XVII, estuvo al mando de una expedición.
- ¿ ?
  Quirós. De narrar los hechos de la expedición tal y como se iban sucediendo.

3 Solo hay una respuesta correcta para cada pregunta. ¡Localízala!

¿Para qué participaron en una expedición Mendaña y Barreto?

a. Para explorar territorios de Perú.

b. Para explorar las islas del Pacífico que Mendaña había descubierto.

c. Para ir a Manila y conquistarla.

¿De qué fuente se ha obtenido información sobre Isabel Barreto?

a. Del diario de viaje de Barreto.

b. Del testamento de Álvaro de Mendaña.

c. De la crónica de Quirós.

4 ¿Qué significa este fragmento? Seguro que entre todos podéis explicarlo.

[...] eran tiempos de navegación y de avances.
En cada **viaje**, los **límites del mundo cambiaban**.

Reconocemos las características de la biografía

5 ¿Verdad (V) o mentira (M)? Una biografía…

a. está ordenada cronológicamente, y por eso empieza con el nacimiento de la persona biografiada y termina con su fallecimiento.

b. da datos personales de la persona biografiada.

c. nunca debe explicar en qué ha destacado la persona biografiada y/o cuál ha sido su trayectoria profesional (reconocimientos, logros, hazañas…).

d. siempre está escrita en primera persona.

Reflexionamos sobre la biografía

6 Las biografías explican hechos de la vida de una persona, y estos hechos pertenecen al pasado. ¿Cuesta lo mismo escribir la biografía de un personaje actual que la de un personaje del siglo XVII como Isabel Barreto? ¿Por qué?

- ¿Con qué problemas diríais que se encontró la autora de la biografía de Isabel Barreto?
- ¿Se parecen el trabajo de un historiador o historiadora y el de un biógrafo o biógrafa?

7 Las mujeres de estas fotografías fueron, como Isabel Barreto, unas pioneras. Investigad sobre ellas y anotad lo que más os haya interesado.

Martina Castells

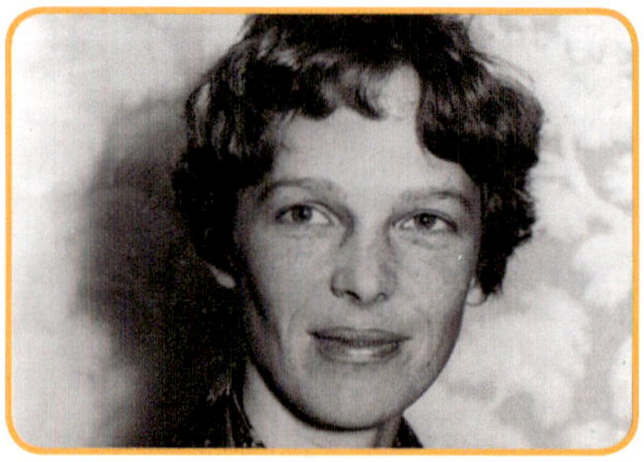

Amelia Earhart

Una **biografía** es la historia de la vida de una persona. Las biografías nos ayudan a preservar la memoria de personas admirables.

COMUNICACIÓN / Textos escritos / La biografía
p. 237

Reflexionamos sobre la lengua — Los complementos directo e indirecto

8 A menudo, los verbos necesitan otras palabras para completar su significado.

Podemos decir: *Hoy he leído*;
pero también: *He leído una biografía*;
e incluso: *He leído una biografía a mis alumnos*.

— Fijaos:

Sujeto	Verbo	C. Directo	C. Indirecto
¿quén? / ¿quiénes?	acción	¿qué?	¿a quién?
Yo	canto	una canción	a mi hermano.

— **¿Sobre qué recae la acción de cantar?** **¿A quién va destinada?**
Escribe según el color:

a. El sujeto

b. El complemento directo

c. El complemento indirecto

9 Completa estas oraciones con complementos directos o indirectos:

- Álvaro de Mendaña dio el mando
- Ofrece su ayuda
- Barreto condujo su hasta Manila.
- Su marido organizó

Para identificar el **complemento directo** (CD) podemos preguntarnos: ¿***Qué***...?
Ana come sopa. · ¿***Qué*** *come Ana?*

Para identificar el **complemento indirecto** (CI) podemos preguntarnos: ¿***A quién***...?
Blas ofrece sopa a Rut. · ¿***A quién*** *ofrece sopa Blas?*

LENGUA / Gramática / Los complementos directo e indirecto
p. 233 y 234

Comprobamos que hemos entendido la biografía

10 Estas frases resumen la biografía de Isabel Barreto de forma desordenada. Escríbelas en orden en tu cuaderno.

- Cuando llegan a las islas Salomón, Mendaña enferma de malaria y fallece.
- Durante el trayecto, descubren las islas Marquesas.
- En 1585 se casa en Perú con el navegante Álvaro de Mendaña.
- En 1595 acompaña a su esposo a una expedición a las islas Salomón.
- Isabel asume el mando de la tripulación.
- Isabel Barreto nace en 1567, seguramente en Pontevedra.
- Isabel logra arribar a Manila.
- Los indígenas se rebelan y tienen que huir.

11 ¿Para qué crees que puede ser útil leer la biografía de una persona?

Valoramos el trabajo

12 Reflexiona sobre lo que has aprendido en esta situación:

	☹	😐	☺
Sé qué es una biografía y para qué sirve.			
He explicado oralmente en qué se parece el trabajo de un/a historiador/a y el de un/a biógrafo/a.			
Reconozco los complementos directo e indirecto.			

Para terminar, reflexiona

- **¿Te ha servido la situación para comprender la biografía?**
- **¿Antes de realizar esta situación, te habías planteado la importancia de las mujeres pioneras?**

25

¿Puede tratar la poesía de cualquier cosa?

En esta situación aprenderás...

- Que un poema puede tratar de todo.
- A comprender un poema.
- A interpretar un poema mediante una ilustración.
- A distinguir la denotación de la connotación.

A Max no le apetece demasiado empezar el libro de poesía que les ha recomendado Ana. Según Max, la poesía solo trata de cosas bonitas y cursis: el mar, la Luna y las estrellas, el amor... ¿Estás de acuerdo?

- **¿Hay temas más poéticos que otros?**
- **¿Conocéis algún poema curioso por su tema?**

Buscamos temas para un poema

1 Fijaos en las siguientes imágenes y escribid el tema que os inspira:

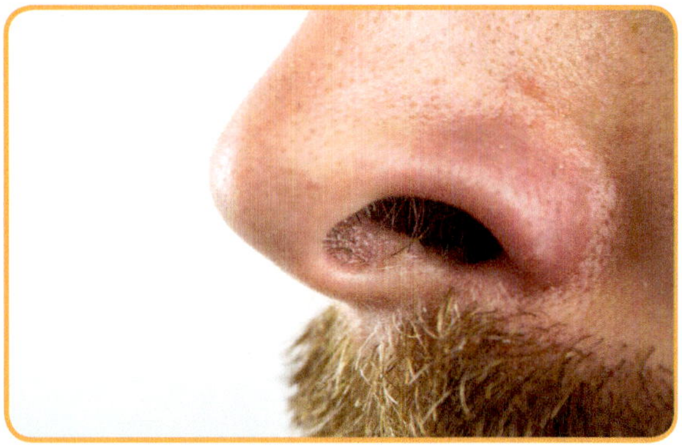

- ¿Os imagináis un poema para cada una de las imágenes?
- ¿Cuáles os resultan más difíciles de imaginar?
- ¿Por qué?

2 ¡Ahora, escuchad este poema y relacionadlo con una de las imágenes anteriores.

- ¿Un poema puede tratar de cualquier cosa?

Descubrimos el gusto por la poesía

3 Ahora escucha y lee estas estrofas sobre un poema dedicado a la alcachofa.

Título:
Autor/a:

¡*Oda a la alcachofa*, de Pablo Neruda!

La alcachofa
de tierno corazón se vistió de guerrero,
erecta, construyó
una pequeña cúpula,
se mantuvo
impermeable
bajo
sus escamas,
a su lado [...] la col
se dedicó a probarse faldas,
el orégano
a perfumar el mundo,
y la dulce
alcachofa
allí en el huerto,
vestida de guerrero,
bruñida
como una granada,
orgullosa,
y un día una con otra
en grandes cestos
de mimbre, caminó
por el mercado
a realizar su sueño:
la milicia. [...]»

En hileras
nunca fue tan marcial
como en la feria,
los hombres
entre las legumbres
con sus camisas blancas
eran
mariscales
de las alcachofas,
las filas apretadas,
las voces de comando,
y la detonación
de una caja que cae,
pero
entonces
viene
María con su cesto,
escoge
una alcachofa,
no la teme,
la examina, la observa [...],
la compra,
la confunde
en su bolsa
con un par de zapatos,
con un repollo y una
botella
de vinagre
hasta
que entrando a la cocina
la sumerge en la olla.

Interpretamos el significado del poema

4 Resuelve las actividades sobre el poema:

— Copia nombres del poema que pertenezcan a estos espacios:

Huerto	Guerra	Mercado	Hogar

— ¿Con qué es comparada la alcachofa? Escribe su nombre.

- Esta palabra tiene más de un significado. ¿Cuál es el correcto, según el poema?

— ¿Con qué soñaba la alcachofa? Escribe la opción correcta:

a. Con ser ingrediente de un suculento guisado.

b. Con fugarse del huerto con las otras hortalizas.

c. Con hacer la guerra.

d. Con ir al mercado.

- ¿Qué final tuvo la alcachofa? ¿Este final se ajusta a su sueño?

— Piensa en las características físicas de una alcachofa y explica el significado de estos versos:

- «se vistió de guerrero»
- «construyó una pequeña cúpula»

Una característica de la **poesía moderna** es que todo puede convertirse en un poema. El poeta no tiene más restricciones que las que le impone la **métrica** (el número de sílabas de los versos, que puede ser regular o irregular, y la rima, optativa).

LITERATURA / Poesía / La poesía creativa
p. 242

5 ¿Quieres saber más sobre el autor? Investiga sobre Pablo Neruda y elabora **la ficha biográfica**.

Reflexionamos sobre la lengua — La connotación de las palabras

6 Las palabras tienen un significado propio, el que encontramos en el diccionario:

> **alcachofa** Vegetal comestible de color verde, que tiene forma de piña, con muchas capas de hojas gruesas que se pueden separar una a una.

Esta palabra sugiere también otras cosas que el diccionario no recoge, como *huerto, dureza, guiso, placer…*

7 ¿Y qué os sugiere la palabra **mosquito**? ¿A todos os sugiere lo mismo?

a. verano, vacaciones, calor

b. picazón, escozor

c. río, pantano

d. entomología (estudio de los insectos)

8 Escribe qué significado connotativo tienen para ti estas imágenes:

El **significado denotativo** de una palabra es el que aparece en el diccionario.

El **significado connotativo** de una palabra es el conjunto de sensaciones o ideas que puede sugerir a una persona.

LENGUA / Léxico / Siginificado connotativo y denotativo
p. 235

Comprobamos lo que hemos aprendido sobre poesía

9 ¿Qué te ha gustado más del poema que has trabajado?

- ¿Encuentras cursis los temas de la poesía? ¿Por qué?

10 ¿Con qué imagen de la actividad 8 te quedarías para escribir un poema? Para ti, ¿cuál es el significado connotativo de esa imagen? Escribe en tu cuaderno un poema sobre la imagen y su significado connotativo.

Valoramos el trabajo

11 Valora qué has aprendido en esta situación:

Sé que la poesía puede tratar todos los temas.			
He interpretado el significado del poema mediante una ilustración.			
Sé qué es la connotación de las palabras.			
He escrito un poema sobre el significado connotativo de una imagen.			

Para terminar, reflexiona

- **¿Qué dificultades tienes todavía sobre los poemas?**
- **¿La situación te ha ayudado a apreciar más la poesía?**
- **¿Qué te ha gustado más?**

26

En esta situación aprenderás...

- A comprender y resumir un cuento tradicional.
- A reconocer las características del texto teatral.
- A transformar un cuento en un texto teatral.
- A escribir correctamente palabras con *M* y *N*.

¿Cómo se escribe una obra de teatro?

- ¿Has leído alguna obra de teatro?
- ¿Cómo transformarías un cuento en una obra de teatro?

Comparamos el cuento con la obra de teatro

1 ¿Recordáis el cuento de *El gato con botas*? La pandilla tiene que transformarlo en una obra de teatro. ¿Lo escuchamos?

2 Ahora, comparad el principio de la narración que habéis escuchado con el texto de esta versión teatral: ¿En qué se diferencian los dos textos?

ESCENA I

Molino.

En el escenario hay unos cuantos sacos de harina. También podría haber una mesa y algunas sillas. En un rincón, una pluma. Los tres hijos del molinero entran en el escenario llorosos, tapándose la cara con las manos, abrazándose, tristes.

HERMANO MAYOR: ¡Pobre padre! Ya se ha muerto.

HERMANO MEDIANO: ¡Cómo lo echaremos de menos!

El HIJO PEQUEÑO *se sienta, muy triste, en una silla —o si no, en el suelo, a un lado—, tapándose la cara con las manos. Sus hermanos caminan por el escenario, hablando entre ellos.*

HERMANO MAYOR: Tendremos que seguir trabajando en el molino sin él. ¡Pobres de nosotros!

HERMANO MEDIANO: Al menos a ti padre te ha dejado el molino.

HERMANO MAYOR: Y a ti el burro. Entre los dos podremos seguir moliendo el grano como hasta ahora.

HERMANO MENOR (*hablando solo, muy preocupado, sin mirar a sus hermanos*): Y a mí solo me ha dejado sus botas y el gato. ¡Qué haré, yo, con un gato! Un gato no sirve para trabajar… ¡Me moriré de hambre!

El HERMANO MAYOR *y el* HERMANO MEDIANO *van hablando, animados, mientras salen del escenario y dejan solo al* HERMANO MENOR.

HERMANO MAYOR: Tendremos que decirle a la gente que padre ha muerto y que ahora los molineros somos nosotros.

HERMANO MEDIANO: ¡Haremos la mejor harina del mundo, y cuando empecemos a ganar dinero, nuestro hermano no tendrá por qué preocuparse…

Salen. El HERMANO MENOR *habla solo. Pero en un rincón del escenario aparece el* GATO, *que lo escucha.*

El HERMANO MENOR no lo ve.

HERMANO MENOR (*desesperado*): Unas botas, un gato y ya está. ¡Pobre de mí! Se muere mi padre y me deja un gato roñoso.

3 Fijaos en el texto teatral: en cómo se cuenta la historia y cómo son o qué hacen los personajes. ¿Lo explicáis? Para ello, contestad:

- ¿Dónde tiene lugar la escena teatral que habéis leído? ¿En qué parte del texto se indica?
- ¿Cuántos hijos tenía el molinero?
- ¿Cómo sabemos cuál de ellos habla en el texto teatral? Y en el cuento, ¿cómo se indica?

Las **obras de teatro** son textos que han sido escritos para ser representados ante un público y por eso contienen **indicaciones del autor** sobre la **escenografía** (el decorado, la iluminación...) y sobre la **interpretación** de los actores (cómo han de moverse y qué emociones tienen que expresar). Estas indicaciones o explicaciones se llaman **acotaciones**.

Nos fijamos en las acotaciones

4 Ahora que ya sabes qué son las acotaciones, identifícalas.

— Escribe en azul las que se refieren a la escenografía, y de otro color las que se refieran a la interpretación de los actores.

¿Los efectos especiales (relámpagos, lluvia...) también se indican en las acotaciones?

5 Imagina el escenario y sitúa en él a los tres hermanos y al gato. ¿Dónde los ubicarías? ¿Te atreves a dibujarlos? Dibuja un escenario como este en tu cuaderno y ubícalos.

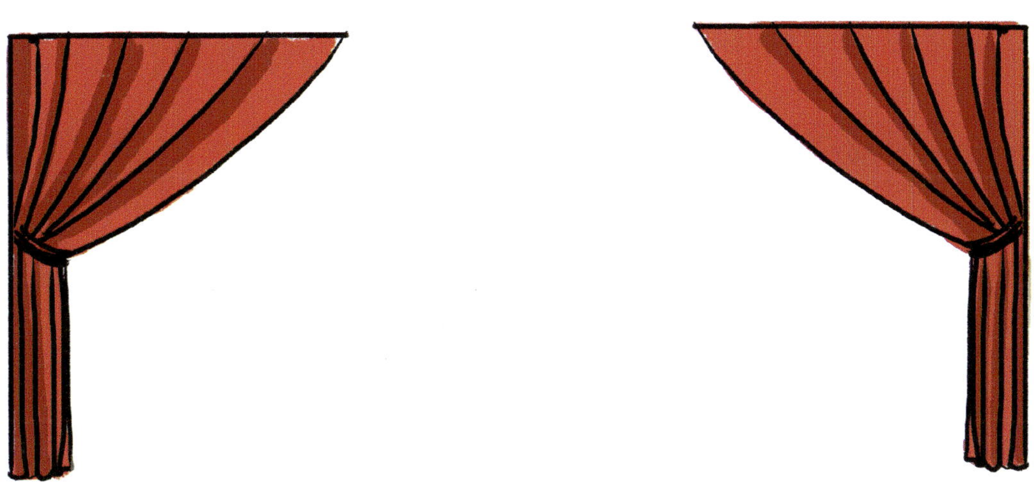

Preparamos la transformación de un fragmento del cuento

6 Leed este fragmento del cuento en el que el gato se presenta ante el rey. Fijaos en las intervenciones del narrador, en los personajes y en el espacio:

Después de caminar un buen rato, llegó al palacio del rey y se presentó al guardián de la puerta.

—Soy el gato con botas, y me envía mi amo, el marqués de Carabás —se inventó—. Necesito hablar con Su Majestad. Mi amo le envía un regalo...

Y como lo que más le gustaba a Su Majestad era recibir regalos, el guardián concertó rápidamente la entrevista.

—¡Oh, Majestad! —le dijo el gato con botas al rey, haciendo una reverencia—. Me envía el marqués de Carabás, mi amo. Quiere que os entregue este presente: dos conejillos para vuestro criadero, tan famoso en todo el mundo...

El rey, que estaba maravillado de ver a un gato con botas, se frotó las manos con gran alegría y exclamó:

—¡Gracias, mil gracias! ¡Transmítele al marqués de Carabás mi agradecimiento!

- ¿Cuántos personajes hay?
- ¿Hablan todos?
- ¿Cuál de ellos no habla?
- ¿Dónde tiene lugar la escena?
- ¿El gato está todo el rato en la misma parte del palacio?
- ¿Qué partes del palacio visita?
- ¿Qué hacen los personajes mientras hablan?

Reflexionamos sobre la lengua | Uso de la *M* y de la *N*

7 Un autor teatral no puede tener dudas ortográficas. Observad estas palabras y contestad sin dudar:

cambio	campo	invierno
también	compañero	convencer
embalaje	compás	enviar
embudo	impropio	invitación
comba	impresionar	invencible

- ¿Qué letras se repiten en las palabras de cada grupo?
- ¿Qué normas de la **m** y de la **n** podéis deducir?

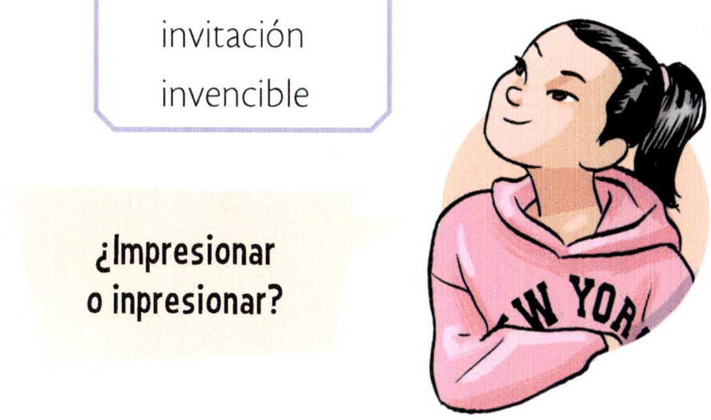

8 Completa estas palabras:

co ___ pañía	i ___ primir	ca ___ bio	i ___ vento	i ___ necesario
co ___ vento	i ___ bécil	bo ___ bona	a ___ bulancia	i ___ novador
i ___ vasión	i ___ vitar	i ___ versión	i ___ numerable	i ___ vernal
co ___ batir	ro ___ bo	co ___ bustible	i ___ variable	i ___ negable

9 Escribe en tu cuaderno una palabra derivada de cada una de las siguientes:

- amnesia
- solemne
- conmemorar
- imparcial
- ingeniar
- inmaterial
- enmascarar
- alumno
- ignorar
- convivir
- inmune
- trampa

Escribimos **m:**
- delante de **p**: *campo, compañero.*
- delante de **b**: *cambio, embalar.*

Escribimos **n:**
- delante de **v**: *invierno, convencer.*
- delante de otra **n**: *perenne.*

LENGUA / Ortografía / Uso de la *m* y la *n*
p. 230 y 231

Escribimos el texto para representarlo

10 Convierte el fragmento del cuento de la actividad 6 en una obra de teatro:

Para escribir un **texto teatral...**

- Escribe el **nombre de cada personaje** delante de su intervención.
- Escribe las **acotaciones** del texto:
  - Sobre la escenografía: dónde tiene lugar la escena, qué objetos hay...
  - Sobre los personajes: por dónde aparecen, cómo hablan, qué gestos hacen; si están sorprendidos, enfadados...

— Comparad los textos que habéis escrito: ¿Se entienden las acotaciones? ¿Falta o sobra alguna? ¿Se puede representar el fragmento?

Valoramos el trabajo

11 Valora qué has aprendido en esta situación:

Reconozco las características de un texto teatral.			
He sabido transformar el fragmento de un cuento en un texto teatral.			
Escribo correctamente los grupos *nn*, *mp*, *mb* y *nv*.			

Para terminar, reflexiona

- **¿Te ha resultado útil la situación para escribir un texto teatral?**
- **¿Te atreverías a transformar todo el cuento en una obra para niños?**
- **¿Te parecería una actividad gratificante? ¿Por qué?**

27

¿Cómo explicaríais un cuadro?

En esta situación aprenderás...

- A comprender las explicaciones de unos cuadros.
- A describir un cuadro.
- Que para comprender un cuadro hay que hacerse preguntas.
- A explicar un cuadro.

Esta semana hay que preparar las jornadas de arte en el colegio, y la clase de sexto se encarga de elegir algunos cuadros para explicárselos a alumnos de otra clase. «Vale, ya tengo el cuadro», piensa Rita. «¿Y ahora qué?»

- **¿Qué cuadros de grandes pintores o pintoras recuerdas?**
- **¿Cuál elegirías tú?**

Explicamos el cuadro

7 Organiza la información y explica el cuadro…

- Si puedes proyectarlo, señala las partes de las que vayas hablando.
- ¿Miedo a quedarte en blanco? Prepara un guion con las ideas clave para consultarlo si te pierdes.
- Habla con un tono de voz y un ritmo adecuados, ni demasiado alto o bajo, ni muy rápido o lento.

¡Recuerda!

1. Di el título y una breve información sobre el autor.
2. Empieza por hacer una descripción general.
3. Explica ordenadamente las respuestas a las preguntas que te has hecho.
4. Termina explicando qué te sugiere o qué te transmite.

Valoramos el trabajo

8 Valora tu trabajo:

	☹	😐	☺
He comprendido la explicación de unos cuadros.			
He observado un cuadro y lo he descrito.			
Me he hecho preguntas para comprender el cuadro.			
He explicado el cuadro.			

Para terminar, reflexiona

- **¿Qué te ha gustado más de esta situación? ¿Por qué?**
- **¿En qué te ha ayudado trabajar en grupo?**
- **¿Cómo te has sentido cuando explicabas el cuadro?**
- **¿Qué has aprendido con esta situación?**

28

En esta situación aprenderás...

- A leer y comprender un reportaje.
- A tomar notas de un texto y a redactar un resumen.
- A transmitir lo que has aprendido como si fueras un *edutuber*.
- A reconocer el complemento circunstancial de una oración.

¿Por qué tenemos que estar informados?

- ¿Qué reportajes has leído?
- ¿Qué reportajes has visto por YouTube?

Nos preparamos y leemos un reportaje

¿Cómo se llama el traje espacial que llevan los astronautas?

1 Antes de leer...

- ¿Qué sabéis de la llegada de los humanos a la Luna? ¿Cuándo ocurrió?
- ¿Quiénes son los hombres de la foto?

UN GRAN SALTO PARA LA HUMANIDAD

El escritor Julio Verne describió el primer viaje a la Luna en su novela Alrededor de la Luna (1869). En el libro, el gigantesco cañón Columbiad impulsaba a los tripulantes al espacio, donde vivían increíbles aventuras explorando el satélite de la Tierra. Tendría que pasar un siglo para que el relato de Verne se hiciera realidad: en 1969, la nave Columbia llevó a los primeros astronautas a la Luna en la misión Apolo 11.

¿Cuánto tiempo después se hizo realidad la historia imaginada por Verne?

La misión estaba formada por los astronautas Neil Armstrong, Buzz Aldrin y Michael Collins, que llegaron a la Luna después de 4 días viajando por el espacio.

Superioridad tecnológica

¿Existe la Unión Soviética en la actualidad?

¿Qué significa 'poner en órbita'?

¿Qué era el *Sputnik*?

El programa espacial Apolo era en realidad una demostración de poder del gobierno estadounidense. En aquella época, Estados Unidos y la Unión Soviética (una federación de países que incluía la actual Rusia) competían por dominar el mundo. Y en el campo de la exploración espacial, los soviéticos iban ganando: en 1957 pusieron en órbita el Sputnik, el primer satélite espacial, y en 1961 el ruso Yuri Gagarin se convirtió en el primer hombre en viajar al espacio.

El objetivo de las misiones espaciales era demostrar la superioridad tecnológica de cada país, aunque la NASA aprovechó para realizar experimentos y tomar muestras de la superficie lunar. Estados Unidos necesitaba un objetivo ambicioso para superar a sus competidores: llegar a la Luna. Para lograrlo, más de 400.000 ingenieros y científicos trabajaron día y noche hasta que su esfuerzo culminó el 20 de julio de 1969. Ese día, Neil Armstrong pisó la Luna por primera vez y pronunció su célebre frase: «Un pequeño paso para el hombre, un gran salto para la humanidad».

¿Qué dos países competían? ¿Por que?

¿Cómo nos referiríamos al «aterrizaje» en Marte?

Más de 500 millones de espectadores de todos los países del mundo siguieron en directo el alunizaje de Neil Armstrong y Buzz Aldrin por radio y televisión.

50 aniversario de la llegada a la Luna

En 2019 se cumplen 50 años de aquel momento histórico, y desde entonces solo doce personas han andado sobre la Luna, la última en 1972. Pero esto podría cambiar pronto. La NASA, la Agencia Espacial Europea y el gobierno chino planean establecer bases lunares en los próximos años. Solo falta saber si se trata de una nueva competición entre países o si esta vez trabajarán unidos para conquistar el espacio.

Marc Rovira, *Jot Down Kids*

¿Sabéis qué es la NASA?

¿Qué es una base? ¿Y una base lunar?

Comprueba que has entendido el reportaje

2 ¿Sabes qué pregunta corresponde a cada una de estas respuestas?

- ¿ ✳ ?
  Apolo 11.
- ¿ ✳ ?
  Neil Armstrong, Buzz Aldrin y Michael Collins.
- ¿ ✳ ?
  Llevar astronautas a la Luna para demostrar al mundo, y sobre todo a los soviéticos, la superioridad tecnológica de los Estados Unidos.
- ¿ ✳ ?
  El 20 de julio de 1969.

3 ¿Son verdaderas (V) o falsas (F) estas afirmaciones?

- Antes de 1969, los soviéticos dominaban la exploración espacial.
- El principal objetivo de la misión Apolo era realizar experimentos y tomar muestras de la superficie lunar.
- 50 años después, las agencias espaciales no tienen interés científico en volver a la Luna.
- La NASA, la Agencia Espacial Europea y el gobierno chino quieren construir en la Luna instalaciones adecuadas en las que realizar actividades científicas.

4 ¿Qué imagen muestra el Sputnik? ¿Por qué habéis descartado la otra?

a.

b.

5 ¿Qué significa esta frase que pronunció Neil Armstrong al pisar la Luna?

Un pequeño paso para el hombre,
un gran salto para la humanidad.

Analizamos los reportajes

6 Buscad dos o tres reportajes en revistas o periódicos en formato papel o en línea y comprobadlo:

Yo he encontrado dos en estas revistas: *Muy interesante junior* y *Reportero doc.*

	«Un gran salto para la humanidad» *Jot Down Kids*	▢	▢
Presenta el tema con una introducción breve	✗		
Separa y organiza la información mediante un título y subtítulos	✗		
Incluye fotos, gráficos, dibujos…	✗		

Un **reportaje** es un trabajo periodístico que informa sobre un tema en profundidad. Para escribir un reportaje, hay que consultar muchas fuentes de información, documentarse y contrastar bien los datos.

COMUNICACIÓN / Textos escritos / El reportaje
p. 238

Reflexionamos sobre la lengua — El complemento circunstancial

7 La descripción de un viaje a la Luna sin complementos circunstanciales sería como un viaje al espacio sin cohete. Leed estas frases y contestad:

- Los astronautas llegaron a la Luna.
- Los astronautas llegaron con dificultad.
- Los astronautas llegaron el 20 de julio de 1969.

¿Adónde llegaron los astronautas?

¿Cuándo llegaron? ¿Cómo llegaron?

8 Copia estas oraciones en tu cuaderno, rodea el verbo y subraya los complementos circunstanciales.

lugar · tiempo · modo · cantidad

- Ven a mi casa esta tarde, Miguel.
- La hoja cayó al suelo lentamente.
- El gato subió al tejado de un salto.
- Como unos frutos secos en el bosque.
- Llegaremos mañana a las diez.
- Inés estudia mucho.
- El avión llegó con retraso.
- En septiembre tendremos lluvias.

9 Reescribe estas oraciones transformando los CC destacados como en el ejemplo. Di también de qué tipo son:

- *Ana trabaja **lentamente**.* ▶ *Ana trabaja **con lentitud**.*
- Me gusta correr **rápidamente**. ▶
- Me asusto **fácilmente**. ▶
- Duerme y ronca **tranquilamente**. ▶
- Prepara los exámenes **minuciosamente**. ▶

El complemento circunstancial (**CC**) es un complemento verbal que indica las circunstancias de **lugar**, **tiempo**, **modo**, **cantidad**, etc., en que tiene lugar la acción que expresa el verbo.

Los complementos del verbo

LENGUA / Gramática / El complemento circunstancial
p. 232

Comprobamos que hemos entendido el reportaje

10 Haz un resumen del reportaje que has leído. Para ello anota las ideas más importantes. Escríbelas con tus propias palabras en forma de lista:

— En 1969 tuvo lugar la misión que llevó a los primeros astronautas a la Luna.

— La misión se llamaba *Apolo 11*.

— …

11 ¿Te atreves a explicar el reportaje como si fueras un *edutuber*?

- Escribe el guion de tu programa a partir de los apuntes que has tomado.
- Memoriza los datos necesarios (nombres, fechas…).
- Ensaya tu intervención con la ayuda de un compañero o compañera.
- Prepara el decorado y el material gráfico del vídeo: fotos, gráficos…
- Graba tu reportaje o represéntalo ante el resto de la clase.

Valoramos el trabajo

12 Valora qué has aprendido en esta situación:

He comprendido el reportaje.			
Sé tomar apuntes de un texto y redactar un resumen.			
He sabido transmitir mis conocimientos.			
Reconozco el CC de las frases dadas.			

Para terminar, reflexiona

- **¿La situación te ha servido para comprender el reportaje?**
- **¿Qué actividades te han parecido más difíciles y por qué?**
- **¿En qué te ha ayudado trabajar en pareja?**

29

En esta situación aprenderás...

- A reconocer las características de la entrevista.
- A preparar y escribir las preguntas de una entrevista.
- A puntuar correctamente frases y textos.
- A formarte una opinión sobre cómo podemos mejorar nuestra escuela.

¿Cómo se hace una entrevista?

- ¿Cuál es el objetivo de una entrevista?
- ¿Qué entrevistas has leído?

Leemos una entrevista

1 Para orientar a la pandilla, la maestra les enseña una entrevista publicada en un blog escolar… ¿Adivináis a quién entrevistan?

Buenos días, Gonzalo. Gracias por atendernos. ¿Empezamos la entrevista?
¡Venga!

¿En qué consiste tu trabajo?
Abro y cierro las puertas de la escuela cada día y me ocupo de su mantenimiento; ya sabéis, me encargo de que las cosas funcionen. Vigilo las labores de limpieza y limpio cuando hace falta, enciendo y apago la calefacción, hago fotocopias, voy a correos, me aseguro de que las puertas de las clases de infantil tengan protectores…, cosas así. Cosas a las que no soléis prestar atención pero que son necesarias.

¿Qué parte de tu trabajo te gusta más?
Me gusta asegurarme de que todo va bien y de que cada cosa esté en su sitio; si no es así, me ocupo de que se arregle en el menor tiempo posible.

¿Y la que menos?
Llamar la atención a niños y niñas.

Siempre te hemos visto aquí. ¿Cuánto tiempo hace que trabajas en este colegio?
Pues… Dieciocho años; no, diecinueve. Diecinueve años hace ya, sí.

¿Cuántas horas tienes que estar en el colegio?
¡Las que sean necesarias! (*Se ríe*). Bueno, no suelen ser más de ocho.

¿Crees que hay aspectos del colegio que pueden mejorarse?
Mmm… Sí, supongo. El edificio es precioso, magnífico… Ya sabéis que está protegido y considerado como bien cultural de interés local, pero es muy antiguo y eso... Por ejemplo, la escalinata central es larguísima y muy empinada. ¡Más de uno se ha roto una pierna durante estos años! Quizá habría que hacer una entrada alternativa para los más pequeños…

¿Eso es todo?
Bueno, falta un espacio donde aparcar las bicicletas, patinetes… Muchos padres y madres lo han pedido… Aparte de eso y de que la buhardilla está mal aprovechada, creo que tenemos que estar orgullosos de nuestras instalaciones y que entre todos debemos cuidarlas.

Háblanos de la buhardilla. ¡A nosotros no nos dejan subir!
Aaahh, ¡misterio! (*Se ríe*). Solo es un almacen, no hay nada misterioso allí. Solo digo que podría aprovecharse mejor el espacio.

¿Qué tal tu relación con los profesores?
Pues muy buena, claro.

Bueno, Gonzalo, muchas gracias por atendernos y por tener tanta paciencia con nosotros.
¡Gracias a vosotros!

Comprendemos la entrevista

2 ¡Seguro que lo sabes! ¿Contestas?

- ¿Quién es la persona entrevistada?
- ¿Cuál es su oficio o profesión?
- ¿Quién o quiénes dirías que le hacen las preguntas?
- ¿Cómo empieza la entrevista?
- ¿Cómo termina?
- ¿Qué crees que haría Gonzalo para mejorar la escuela donde trabaja?

Nos fijamos en las características de la entrevista

3 A la entrevista le faltan dos elementos importantes. ¿Cuáles son?

a. Un título.

b. Una presentación breve de la persona entrevistada.

c. Fotografías de la casa y la familia de Gonzalo.

d. Una pregunta sobre la infancia de Gonzalo.

4 Formalmente, ¿qué destacaríais? Indicadlo:

a. Que las preguntas están en un color diferente.

b. Que las preguntas comienzan siempre en punto y aparte.

- ¿Creéis que falta alguna pregunta importante?
- ¿Qué pregunta le haríais a Gonzalo?

Una **entrevista** es una conversación entre dos o más personas: el entrevistador o la entrevistadora, que hace las preguntas, y la persona o personas entrevistadas, que las responden.

En una entrevista escrita siempre hay un título y una presentación breve de la persona entrevistada, y las preguntas se destacan para distinguirlas de las respuestas.

COMUNICACIÓN / Textos escritos / La entrevista
p. 239

Preparamos las entrevistas

5 Mi grupo entrevistará a...

a.

El bibliotecario o la bibliotecaria

b.

El monitor o la monitora del comedor

c.

El jefe o la jefa de estudios

d.

El maestro o la maestra de gimnasia

e.

El secretario o la secretaria

f.

El profesor o la profesora de música

— Ahora, preparad un borrador con preguntas sobre...

- su vida personal: cuántos años lleva trabajando en la escuela, qué hacía antes...
- su actividad en la escuela: en qué trabaja, qué le gusta más/menos...
- qué aspectos del colegio podrían mejorarse: por qué, cómo podrían mejorarse...

Reflexionamos sobre la lengua — Los signos de puntuación

6 Para que una entrevista o cualquier texto escrito se entienda, debe estar bien puntuado. Leed este mensaje de la delegada de clase a su tutora:

> Hola, Montse.
> De momento, hemos entrevistado a las personas siguientes:
> Marcos, el presidente de la AFA; Edgar, el secretario; Ana, la jefa de estudios; Paco, el conserje, y Luis, de Plástica.
> ¡Seguimos!
> Nos falta entrevistar a Susana, de Música, y a Mónica, la responsable del comedor.
> ¿Se te ocurre alguien más?
> Gracias,
> Clara

- ¿A cuántas personas han entrevistado?
- Si en lugar de puntos y coma, solo hubiera comas, ¿de cuántas personas estaría hablando la delegada?
- ¿Qué otros signos de puntuación hay? ¿Qué funciones tienen?

7 Copiad estos textos y escribid los signos de puntuación que les faltan. Deberéis introducir alguna mayúscula:

a. Tengo todo lo que necesito para hacer el pastel los huevos el chocolate la mantequilla el azúcar y la mermelada quedará riquísimo

b. En el museo había obras de los mejores pintores de Picasso de Van Gogh de Monet y de Rembrandt

c. Hicimos un viaje cultural muy interesante y vimos la Alhambra en Granada la mezquita en Córdoba y la Giralda en Sevilla

- El **punto** (**.**) indica una pausa larga y se coloca al final de una oración.
- La **coma** (**,**) indica una pausa breve. Separa oraciones cortas o los elementos de una enumeración o delimita una aclaración dentro de la oración.
- El **punto y coma** (**;**) indica una pausa media. Separa las partes de una oración que tienen incisos o aclaraciones separadas por comas.
- Los **dos puntos** (**:**) sirven para introducir enumeraciones y citas.

Los signos de puntuación

LENGUA / Ortografía / Los signos de puntuación
p. 228 y 229

Hacemos la entrevista

8 Escribe en tu cuaderno las preguntas que has preparado para la entrevista.

9 Graba la entrevista y transcríbela con el ordenador.

- Encabeza el texto con un título y una presentación breve de la persona entrevistada.
- Destaca las preguntas para distinguirlas de las respuestas.

10 ¿Cómo puede mejorar nuestra escuela? Poned en común todas las entrevistas, sacad conclusiones y debatidlas en clase.

Valoramos el trabajo

11 Valora qué has aprendido en esta situación:

Hemos preparado preguntas adecuadas.			
La entrevista tiene todas sus partes.			
He puntuado correctamente la entrevista.			
He opinado sobre cómo mejorar la escuela.			

Para terminar, reflexiona

- **¿La situación te ha resultado útil para hacer una entrevista?**
- **¿Las entrevistas te han servido para saber qué opinan de la escuela las personas que trabajan en ella?**
- **¿Te han ayudado a formarte una opinión sobre cómo mejorar la escuela?**

Entrénate

EVALUACIÓN POR COMPETENCIAS

Expresión escrita

¿A quién te gustaría hacerle una entrevista? Seguro que admiras mucho a alguien:

Esa tía tuya que ha viajado por medio mundo; tu bisabuelo, que ha vivido una época que tú nunca conocerás; tu escritor o escritora favoritos; ese deportista de élite tan alucinante, tu mejor amigo o amiga…

¿Qué preguntas le harías? Escribe un mínimo de ocho y un máximo de diez.

¡Y recuerda revisar tu trabajo al terminar!

- ✔ ¿Se entienden las preguntas?
- ✔ ¿Sirven para conocer mejor a la persona?
- ✔ ¿Son todas adecuadas?
- ✔ ¿Es correcta la puntuación?
- ✔ ¿Has sido respetuoso?

Saberes y destrezas

Índice

Ortografía La diéresis

antigüedad

lingüista

bilingüe

desagüe

pingüino

cigüeña

La **diéresis**, en la lengua castellana, solamente se utiliza para indicar que la letra *u* de las sílabas *güe* y *güi* se pronuncia: *cigüeña, pingüino*... Cuando la *u* de las sílabas *güe* y *güi* se pronuncia, se crea un diptongo.

Dictado

- Te duele el pie porque llevas la lengüeta del zapato doblada.
- Voy a una escuela trilingüe: las clases se dan en castellano, catalán e inglés.
- Jaime traía el paraguas muy mojado y lo dejó en el paragüero de la entrada.
- Mi abuela Leonor era lingüista y daba clases en la universidad.
- Ha venido el fontanero a desatascar el desagüe del baño.
- A Pedro le gustan mucho las películas en las que aparecen pingüinos.
- Una bandada de cigüeñas ha pasado esta tarde por encima del pueblo.
- No me acaba de gustar Fran; su ambigüedad me pone de los nervios.

Ortografía

Los signos de puntuación I

Deja lo que estás haciendo, Juan, escucha a este hombre y explícame qué dice. No consigo entender qué dice este hombre; parece que está hablando de fútbol.

Los signos de puntuación facilitan la lectura y la comprensión de los textos. Los hay de distintos tipos.

- El **punto** marca una pausa larga y sirve para: separar oraciones (**punto y seguido**), marcar el final de un párrafo (**punto y aparte**) o indicar el final de un texto (**punto final**).
- La **coma** marca una pausa breve y sirve para: separar los elementos de una enumeración, introducir una explicación o aclaración o indicar que nos dirigimos a alguien.
- El **punto y coma** marca una pausa intermedia y sirve para separar los elementos de una enumeración cuando ya algunos llevan coma y para introducir una explicación o aclaración de lo que se ha dicho.

Dictado

La primera hora era crítica. Los fugitivos resultaban predecibles durante la hora que seguía a su huida, ya que siempre necesitaban lo mismo: transporte, alojamiento, dinero. Y la Interpol podía anular esas tres cosas en un santiamén. Al enviar por fax la fotografía de Langdon y Sophie a los medios de transporte, hoteles y bancos parisinos, la Interpol no les dejaría ninguna opción: ni forma de abandonar la ciudad ni lugar donde esconderse ni manera de retirar efectivo sin que quedara constancia de ello. Por regla general, los fugitivos se dejaban llevar por el pánico y cometían alguna estupidez, como robar un coche, atracar un establecimiento o utilizar una tarjeta de crédito a la desesperada. Fuera el que fuese el error, no tardaban en desvelar su paradero a las autoridades locales.

Dan Brown, *El código Da Vinci*

Ortografía

Los signos de puntuación II

Para decorar el árbol de navidad hemos comprado: bolas de colores, cintas plateadas, estrellas, campanitas, renos... Siempre me ha gustado la Navidad (¡Y todavía me encanta!) y por eso decoro toda mi casa. Mi abuela siempre preguntaba: ¿Cómo habéis decorado la casa este año?

- Los **dos puntos** marcan el comienzo de una enumeración o introducen las palabras de alguien.
- Los **signos de interrogación** se escriben delante y detrás de una pregunta.
- Los **signos de admiración** se escriben delante y detrás de una oración exclamativa que expresa sorpresa, admiración, alegría, miedo...

Dictado

¿Cómo no iba a dejarle ir la señorita Lavanda? ¡Pues claro que sí! Estaba claro, aquello era una verdadera historia de amor. Un poco tardía, quizá, como una rosa que se abre en octubre cuando debería haber florecido en junio, pero no por eso es menos rosa. Nunca caminó con tantas ganas como a la mañana siguiente cuando cruzó el bosque en dirección a Grafton. Encontró a la señorita Lavanda en el jardín; la joven estaba tan emocionada que se le quedaron las manos heladas y empezó a temblarle la voz.

Ana de las Tejas Verdes: Más aventuras en Avonlea, L.M. Montgomery

Ortografía

Los grupos *mp, mb, nv, nn* y *gn* I

invasión

ambulancia

compás

convencer

cambio

campesino

innato

embalaje

magnético

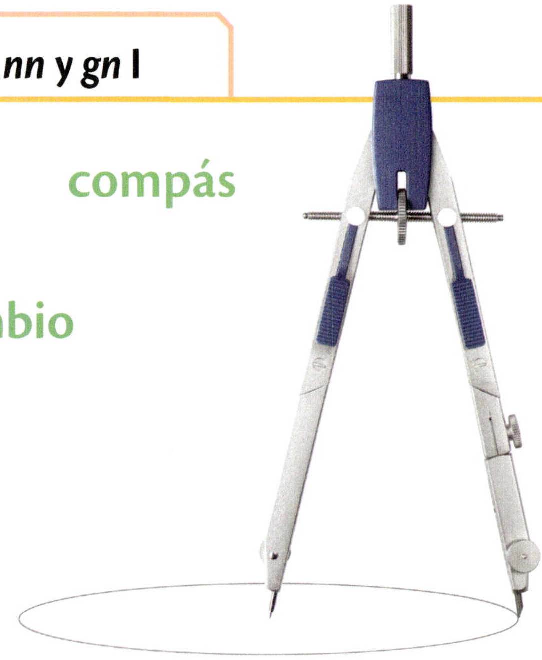

Las palabras no solo tienen vocales en contacto, también pueden tener dos consonantes en contacto. Algunos grupos consonánticos son fáciles de recordar y de escribir, como los grupos **bl**, **br**, **gl**, **gr**, **pl**, **pr**..., pero otros presentan más complicación a la hora de escribirlos, porque es difícil percibir con claridad los sonidos que representan.

Es el caso de los grupos **mp**, **mb**, **nv**, **nn** y **gn**, que encontramos en palabras como *campo*, *cambiar*, *convencer*, *innovación*, *ignorar*...

- Escribimos **m** delante de **p**: *campesino*, *compañero*, *compás*, *campanilla*...
- Escribimos **m** delante de **b**: *cambio*, *embalaje*, *combate*, *ambulancia*...

Dictado

Juanito fue siempre un campesino humilde. Mientras estaba en el pueblo, arropado por sus amigos, vecinos y compañeros y rodeado del verde esplendoroso de la naturaleza, todo iba bien. Pero cuando visitaba al resto de su familia en la gran ciudad ya empezaban a venirle todos los males, y le asaltaban las dudas y las inseguridades. Se sentía acomplejado por considerarse ignorante. ¡Menuda tontería! ¡Sí él sabía de todo! Siempre me daba los mejores consejos y trabajaba la tierra con innegable maestría.

Ortografía

Los grupos *mp, mb, nv, nn* y *gn* II

repugnante

invierno

impertinente

perenne

ciempiés

compositor

innegable

innoble

inventar

imprenta

ignorante

- Escribimos **n** delante de **v**: *invierno*, *inventar*, *bienvenido*....
- Escribimos **n** delante de otra **n**: *perenne*, *innegable*, *innoble*...
- Escribimos **g** delante de **n**: *ignorante*, *cognición*, *repugnante*......

Dictado

—¿No tenéis hambre? —La tía cambió de tema, impetuosa como el Nilo en plena crecida—. Venga, entregad el equipaje a mis sirvientes y subid a las sillas. ¡He preparado un banquete digno de las grandes ocasiones!

Agatha asintió y se catapultó a la grupa de un dromedario. Más difícil resultó cargar a Larry y a míster Kent: al primero porque no se fiaba del enorme animal, que no paraba de soltar coces; al segundo, porque pesaba como una mole de granito.

La caravana avanzó lentamente y suscitó las más furibundas protestas de los conductores de coches. Luego se desvió por una calle flanqueada de palmeras y se detuvo frente a una imponente verja decorada con marquetería egipcia. Habían llegado a la suntuosa villa de Melania Mistery. En el patio, los chicos siguieron a su tía hasta el comedor, que parecía una tienda real: por el suelo había cojines y se respiraba un agradable olor a incienso.

Sir Steven Stevenson, *Agatha Mistery. El enigma del faraón*

Gramática El complemento circunstancial

Esta mañana tenía mucho sueño.

Actuaron **en el teatro de la ópera**.

Álex está **en la biblioteca.**

Andaban **con rapidez.**

El **complemento circunstancial (CC)** da información sobre el **tiempo** (cuándo), el **modo** (cómo) o el **lugar** (dónde) en que se produce la acción que expresa el verbo.

A menudo la función del complemento circunstancial la realizan **adverbios**, pero también pueden realizarla grupos de palabras.

Ejemplos

- Ha salido **temprano** y **sin afeitar** para ir a ver a Claudio.
- **Hoy** se ha comido la cena **en silencio**.
- Noelia ha viajado **a Japón** y volverá **por Navidad**.
- Íñigo duerme **en un hotel de las afueras**.
- Ha salido de casa **a toda prisa** para ir **al supermercado**.

Actividades

1. Identifica los complementos circunstanciales de estas oraciones y anota sobre qué dan información (tiempo, modo o lugar). ¡Algunas tienen dos!

- Cenaremos a las nueve en punto.
- Andrés vino anoche en tren.
- Dejé el libro encima de la mesa.
- Ellos regresaron rápidamente de Madrid.

Gramática — El complemento directo

Ana envolvió **tres regalos.**

Le mandaron **un ramo de flores.**

Carlos llevaba **un libro muy grueso.**

Ayer compré **una manzana.**

El **complemento directo** (CD) indica sobre qué persona, animal o elemento recae la acción del verbo. Si se trata de una persona lleva la preposición **a**.

Para saber si una palabra o grupo de palabras hacen la función de CD podemos preguntarnos: **¿qué...?** Por ejemplo: *Teresa consulta un manual de historia* *¿Qué consulta Teresa?* Las palabras *un manual de historia* funcionan de CD del verbo *consultar*.

El CD se puede sustituir por los pronombres **lo**, **la**, **los**, **las**: *Pablo tiene* ***un disfraz***. ***Lo*** *tiene*.

Ejemplos

- Ramón regaló **un perrito** a su hija por su cumpleaños.
- Rodrigo ha leído **un capítulo de su libro** durante la presentación.
- Marcos ha limpiado **su habitación** y ha decidido donar sus juguetes viejos.

Actividades

1. Identifica el complemento directo y sustitúyelo por un pronombre.

- La ingeniera construye un puente.
- El mecánico revisa el coche.
- Pablo escribió una nota.
- Compré las flores en la floristería.

Gramática

El complemento indirecto

Pepe escribe una carta **a su padre.**

Da alimento **a sus crías.**

Les ha compuesto una canción.

Le mandaron un chiste gracioso.

El **complemento indirecto** (**CI**) indica a quién va destinada la acción del verbo o se beneficia de ella.

Para saber si una palabra o grupo de palabras hacen la función de CI podemos preguntarnos: **¿a quién...?** Por ejemplo: *Carmen ofrece sopa a Ana* *¿A quién ofrece sopa Carmen?* Las palabras *a Ana* funcionan como CI del verbo *ofrecer*.

Se puede sustituir por los pronombres **le**, **les**: *Mamá compró un disfraz **a Ana**.* *Mamá **le** compró un disfraz.*

Ejemplos

- Roberto ha dejado la cartera **a Úrsula.**
- Regalaron un ordenador **a Malena.**
- Le han dado el ascenso **a Samuel.**

Actividades

1. Identifica el complemento indirecto y sustitúyelo por un pronombre.

- El profesor entregó el diploma a los alumnos.
- Presté mi paraguas a Laura.
- Él envió las invitaciones a los asistentes.
- El cartero entregó el paquete a mi vecino.

Léxico La connotación y la denotación

mansión

verano

El **significado denotativo** de una palabra es el que aparece en el diccionario general de la lengua. Por ejemplo: *casa* denota *edificio para habitar*.

El **significado connotativo** de una palabra es el que se emplea de forma figurada o simbólica. De esta forma, no comunica únicamente información, sino que también aporta sentimientos y sensaciones. Por ejemplo: *casa* connota *padres, hermanos, amor, protección...*

Actividades

1. Indica si las palabras destacadas de estas oraciones se han utilizado con un significado connotativo o denotativo.

- Mi amiga tiene un gran **corazón** y siempre ayuda a todo el mundo.
- Veo un futuro muy **negro**.
- He traído **hielo** para los refrescos.
- Mi abuelo tuvo un ataque al **corazón** pero se recuperó bien.
- Eres de **hielo**, nunca te emocionas ante nada.
- El pantalón **negro** es mi favorito.

Léxico | Los préstamos y los extranjerismos

yogur

fútbol

góndola

pizza

Son **extranjerismos** las palabras de origen extranjero que utilizamos habitualmente en nuestra lengua. Es preferible usar, en su lugar, las palabras que nuestro idioma ya ha adaptado; es decir, los **préstamos**, o buscar en nuestra lengua la palabra equivalente a la extranjera.

- La palabra ***parking*** es una palabra inglesa; es un extranjerismo.
- La palabra **aparcamiento** es la propia de nuestra lengua.
- La palabra **garaje** es de origen francés (*garage*), pero se ha adaptado a las normas de nuestra lengua. Es un **préstamo**.

El diccionario de la Real Academia Española recoge los extranjerismos y los destaca en cursiva. En cualquier caso, suele recomendar en negrita la palabra propia.

Actividades

1. Indica cuál es la palabra más adecuada de cada pareja.

croissant / cruasán | *parquet* / parqué | *spaghetti* / espagueti

2. Con ayuda del diccionario, explica el origen de las siguientes palabras:

bistec • kétchup • airbag • beicon • eslalon • *beige* • clip

Textos escritos — La biografía

Nombre y apellidos

Coco Chanel

Lugar y fecha de nacimiento

Gabrielle Bonheur «Coco» Chanel nació el 19 de agosto de 1883 en Saumur, Francia.

Datos biográficos

Coco Chanel fue una diseñadora de moda francesa, cuyos patrones de simplicidad y estilo revolucionaron la indumentaria femenina. Es la única diseñadora que figuraba en la lista de las 100 personas más influyentes del siglo XX, según la revista Time. «*La moda no es algo que existe solo en los vestidos. La moda está en el cielo, en la calle, la moda tiene que ver con las ideas, la forma en que vivimos, lo que está sucediendo.*», decía.

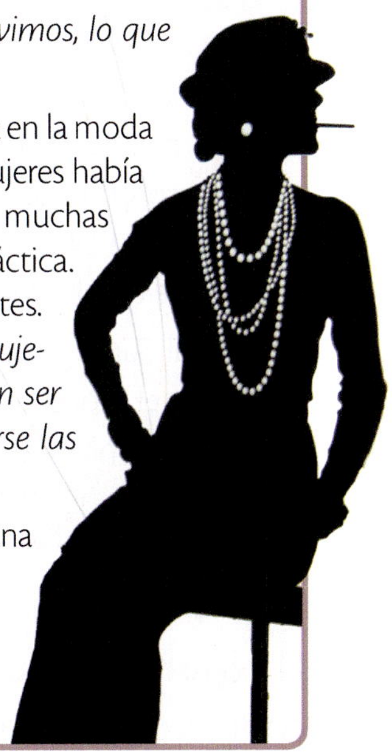

Durante la década de 1920, en particular, Coco Chanel dejó una marca duradera en la moda y el diseño para las mujeres. Hasta la Primera Guerra Mundial, la ropa de las mujeres había sido bastante restrictiva y tendía a involucrar faldas largas que no eran prácticas para muchas actividades. Coco Chanel ayudó a crear ropa de mujer que era más simple y más práctica. También introdujo pantalones y trajes para mujeres, algo que no se había hecho antes. «*La moda se ha convertido en una broma. Los diseñadores han olvidado que hay mujeres dentro de los vestidos. La mayoría de las mujeres se visten para hombres y quieren ser admiradas. ¡Pero también deben poder moverse, entrar en un automóvil sin romperse las costuras! La ropa debe tener una forma natural.*»

También creó su famoso perfume Chanel Nº 5, que se ha convertido en una marca duradera.

Lugar y fecha de muerte

Coco Chanel murió el 10 de enero de 1971 en París.

www.biografiacorta.de

La **biografía** es un texto que recorre la historia de una persona desde su nacimiento hasta su muerte. Expone sus logros o trabajos más destacados. La palabra *biografía* viene del griego y significa 'escribir la vida'.

Una **reseña biográfica** es una explicación breve y general de una persona que participa en una conferencia, un coloquio, etc. Suele hacerse antes de empezar el acto para que se sepa quién es y qué conocimientos o experiencia tiene sobre el tema que se va a tratar.

CONSEJOS PARA ESCRIBIR — UNA BIOGRAFÍA

1. Primero, presenta a la persona de cuya vida quieres informar (nombre y apellido, fecha y lugar de nacimiento, etc.).
2. Explica su trayectoria y enumera sus logros o trabajos más destacados por orden cronológico. Si ha ganado algún premio, puedes destacarlo.
3. Asegúrate de que la información que ofreces sea veraz y relevante.

Textos orales | El monólogo

Las personas utilizamos la lengua para comunicarnos, ya sea de forma oral o por escrito. Siempre hay un emisor (la persona que habla) y uno o varios receptores (la persona o las personas que escuchan). Pero a veces las conversaciones se realizan con uno mismo. Decir en voz alta lo que pensamos nos ayuda, muchas veces, a comprender mejor las cosas. Esta reflexión en voz alta recibe el nombre de **monólogo**. En este caso el emisor y el receptor son la misma persona.

También llamamos monólogo a la representación teatral o humorística en la que habla solo un personaje.

CONSEJOS PARA ESCRIBIR UN MONÓLOGO

1. Piensa en voz alta para comprender y analizar mejor tus reflexiones.
2. Si es un monólogo teatral o humorístico, habla con confianza y mira al público.
3. Es importante hablar despacio y claramente para que todos puedan entender lo que dices.

Lengua y cultura

El castellano en América

mesera (Bolivia)

cabritas (Chile)

esfero (Colombia)

agujetas (México)

En la actualidad, el **castellano** o **español** se habla, además de en nuestro país, en Hispanoamérica, en algunas zonas de Estados Unidos, en Filipinas, en puntos del norte de África... Por todo ello, al ser una lengua que se utiliza en varias zonas, se ha diversificado y ha originado **modalidades** o variantes propias de cada uno de los lugares en que se habla, que se reflejan en la **pronunciación**, en sus **construcciones gramaticales** y en su **vocabulario**.

Por ejemplo, en algunos países hispanoamericanos:

- Suele pronunciarse la **z** como si fuera una **s**: así, dicen ***s**apato*.
- En las construcciones gramaticales, se utiliza **vos** en vez de *tú*, y **ustedes** en lugar de *vosotros*.
- También hay diferencias en el vocabulario, y en muchas zonas se dice **auto**, **lindo** y **pararse** en vez de *coche*, *bonito* y *ponerse de pie*.

Actividades

1. Responde brevemente: ¿Qué quiere decir que...?

- Una lengua **varía** según la zona donde se habla.
- Una lengua varía en cuanto a los **usos gramaticales**, la **pronunciación** y el **vocabulario**.

EL LIBRO TONTO

Beatriz Giménez de Ory

Tengo cincuenta ojos,
digo… cincuenta hijos,
digo… cincuenta ¡hojas!

Soy de timón y lima,
digo… de toma y muela,
digo… ¡de tonto y lomo!

Soy libro, digo… Libra,
digo… ¡libro!
Soy un libro, sí, sí.

Pero llevo cerrado tanto tiempo…
que así me he vuelto tanto,
me he vuelto tinta,
me he vuelto… ¡tonto!

¿Cómo podemos escribir jugando?

¡No hay normas para escribir poesía!

Algunas ideas para escribir poemas-juego podría ser jugar con el tamaño de la letra: una letra pequeña si es un verso susurrado y una gigante si es un verso gritado. O con el tipo de letra: una letra suave para un verso cariñoso y una más dura para un verso enfadado.

También se pueden escribir las palabras del revés, como ROMA en vez de AMOR, o ponerlas de arriba para abajo, si el protagonista del poema es un OGALÉICRUM o un ATSICEPART.

Si tú…

Si tú tuvieras que escribir un poema-juego…
- ¿Cómo lo harías?

CONSEJOS

PARA ESCRIBIR ESTE POEMA-JUEGO

- Coge un periódico o una revista y unas tijeras.
- Recorta diferentes palabras, que no tengan nada que ver entre ellas.
- Métela en una bolsa.
- Agita la bolsa.
- Coloca las palabras una tras otra en el mismo orden que salgan de la bolsa.

¿Qué poema te ha salido?

Deportes para todos y todos con el deporte

Proyecto Aprendizaje-Servicio

Todos, todos podemos practicar deportes: los que más nos gustan, los que permitan que nos ayudemos unos a otros... ¡Lo importante es participar juntos! ¡Vamos a organizar la semana del deporte!

RETO

1. Observa atentamente las imágenes A y B: los textos y las fotografías.

¡LLEGA LA SEMANA DEL DEPORTE!

A.

Y con ella, la oportunidad de pasar unos días diferentes.

Contamos con vuestra participación para que sea un éxito.

¡Os esperamos a todos!

¡LLEGA LA SEMANA DEL DEPORTE!

B.

Y con ella, la oportunidad de pasar unos días diferentes.

Contamos con vuestra participación para que sea un éxito.

¡Os esperamos a todos!

— Utilizando la destreza **Compara y contrasta,** piensa y reflexiona sobre lo que has visto y leído. Después, compártelo en clase.

En nuestro colegio queremos organizar una semana del deporte inclusivo con actividades y juegos que faciliten que todos, seamos como seamos, podamos participar y disfrutar. ¡Qué enriquecedor es participar en una experiencia como esta!

Los alumnos de 6.º debéis pensar y decidir lo siguiente:

- Qué actividades y juegos van a formar parte de la semana deportiva.
- El diseño del folleto para anunciarla.
- La preparación de un periódico donde publicar noticias, entrevistas y reportajes de lo que se ha desarrollado durante la semana.

¡Y no olvidéis elegir un nombre o un lema para esta semana tan especial!

¿Cómo nos organizamos?

2. **Vais a realizar el proyecto organizados en pequeños grupos, en los que cada miembro tiene un rol asignado con dos responsabilidades. De esta forma, podéis ayudaros, coordinaros y trabajar mejor juntos.**

— Antes de repartir los roles, leed con atención cuáles son y qué responsabilidades conllevan.

- Anotar el trabajo hecho en el grupo.
- Comprobar que todos cumplen su tarea.

- Controlar el nivel de ruido.
- Animar a la participación de todos los compañeros del grupo.

- Responsabilizarse del material.
- Repartir las tareas.

- Hablar en nombre del grupo.
- Preguntar las dudas del grupo.

Situaciones de aprendizaje

Situaciones de aprendizaje

16 **Pág. 115**

Rita lee una novela y quiere saber en qué país tiene lugar. Lo ha buscado, pero no lo encuentra.

¿Qué nos ayuda a entender una novela?

17 **Pág. 121**

Eva ha leído fatal un chiste pero es cosa de quien lo ha escrito.
¡Qué mal puntuado estaba! ¡No parecía un diálogo!

¿Cómo se escribe un diálogo?

18 **Pág. 127**

Nico le dice a la prima de Max que su ciudad no es interesante, pero ella lo convence rápidamente.

¿Qué haríais para ser un guía turístico?

19 **Pág. 133**

Eva ha visitado Italia y ahora enseña a Max el diario de su viaje. Max quiere empezar uno ahora mismo, pero...

¿Cómo es un diario de viaje?

Pág. 139

ENTRÉNATE

21 **Pág. 165**

A Eva el control sobre la Edad Media le ha ido mal. Su tutora le ha recomendado dos novelas.

¿Qué tienen que ver la historia y las novelas?

22 **Pág. 171**

La clase tiene que explicar a la familia de Dong, que vive en China, cómo se organiza políticamente nuestra sociedad.

¿Cómo se explica un tema?

23 **Pág. 177**

Rita y Eva han tenido la idea de inventar un juego de definiciones, pero necesitan ayuda.

¿Cómo crearíais un juego de definiciones?

24 **Pág. 183**

Eva lee un libro sobre mujeres muy atrevidas. Son unas pioneras, y vale la pena leer sus historias.

¿Para qué son útiles las biografías?

25 **Pág. 189**

A Max le da pereza leer poesía. Opina que trata de temas que no tienen ningún interés.

¿Puede tratar la poesía de cualquier cosa?

26 **Pág. 195**

La clase de la pandilla tiene que escribir una obra para los de primero, pero...

¿Cómo se escribe una obra de teatro?

27 **Pág. 201**

¡Ya han llegado las jornadas de arte en la escuela! La clase de la pandilla debe explicar cuadros célebres a alumnos de otra clase.

¿Cómo explicaríais un cuadro?

28 **Pág. 207**

Eva sabe que este año se cumplen 50 años de la llegada del hombre a la Luna.

¿Por qué tenemos que estar informados?

29 **Pág. 213**

«¿Cómo podríamos mejorar nuestra escuela?» Para saberlo, nada como entrevistar al personal de la escuela.

¿Cómo se hace una entrevista?

Pág. 219

ENTRÉNATE

Referencias bibliográficas

2. Fina Casalderrey, *El misterio de los hijos de Lúa*. Editorial SM.

3. Muriel Villanueva, *Duna. Diario de un verano*. Babulinka Books.

7. Roald Dhal, *La maravillosa medicina de Jorge*. Alfaguara.

11. «El xilófono de agua» en *¡Nos divertimos con la ciencia!* Combel.

12. Ledicia Costas, *La balada de los unicornios*. Editorial Anaya.

13. Michael Ende, *Jim Botón y Lucas el Maquinista*. Noguer.

15. Juan José Millás y Antonio Fraguas Forges, «Los números árabes» en *Números pares, impares e idiotas*. Editorial SM.

16. Erich Kästner, *El hombre pequeñito*. Editorial Alfaguara.

17. Jordi Sierra y Fabra, *El asesinato de la profesora de lengua*. Anaya.

19. Marisol Ortiz de Zárate, *Las lágrimas de Matrioska*. Bambú.

21. Laura Gallego, *Finis Mundi*. Editorial SM.

24. Espido Freire, «Isabel Barreto, primera almirante española» en *Pioneras. Mujeres que abrieron camino*. Editorial Anaya.

26. Charles Perrault, *El gato con botas*. Editorial La Galera.